nanopoética

[carlos

g.

torrico]

nanopoética

[carlos g. torrico]

Autor: carlos g. torrico Edita: Asociación Cultural Libre Configuración y Proyecto Genoma Poético

Maquetación por acorazado.org

ISBN 978-84-09-16733-3

Dep. Legal M-940-2020

www.genomapoetico.com

carlos g. torrico | Madrid, 1978

Escribiente experimental, amante de la escritura contemporánea, del texto como hábitat surrealista y en descomposición; de la Vanguardia.

Cofundador junto a Quino Romero de Proyecto Genoma Poético y #LetraLAB.

Amante de La Libre de Barrio.

En su trayectoria viene acumulando texto, fotografía, poesía visual, escultura, Land Art y pintura suprematista.

Artista común, sin formación, lo que le encuadraría en el Art Brut.

Ser en busca del **sí-mismo**.

@carlosgtorrico

carlosgtorrico.wixsite.com/artbrut

NANOPOÉTICA es una recopilación extensa de diez años de trabajo, de un proyecto en formato Blog que comenzó en el maquinismo, en la creación de una Ingeniería Poética, donde los textos son pequeños artefactos de múltiples funciones y características. La idea ha terminado en una propuesta de poesía cubista, surrealista y concreta.

Texto puro sin signos de puntuación, ni mayúsculas. Abierto a la interpretación, a la apofenia; nuestra capacidad innata para ver patrones, para proyectarnos en el mundo.

AGRADECIMIENTOS A Nuria Hernández, Quino Romero y a Julio Espino por su ayuda en la edición, corrección y maquetación. Por su gran tolerancia, amistad y cariño.

A Rocío y Pedro

nanopoética

livianos estamos seguros la crisis nos acomete al parar el paso se alargan las horas hermanas del tiempo sentimos la dulzura de la pregunta

del giro que espera en la siguiente página que ya está escrita y no queremos leer 15

pretendemos incendiar gentilmente

terminar con la burla

dejar de suplicar

pretendemos arrastrar

los recipientes de vergüenza

reemplazarlos por ejemplos débiles

de confusión y ánimo

de nosotros mismos

así un día

nuestro recuerdo se parecerá a todos

16

con el veneno de los colores pisoteado la difteria de la
primavera junto a la puerta la coincidencia que jamás fue
virtuosa y la cabalística como filosofía

no me queda más remedio que conmover discusiones

arrasar con los retratos

practicarle una traqueotomía a lo que nos queda para que
pueda soportar

el aceite hirviendo en la cara

así

con la modesta sospecha

con la supervivencia asegurada como las ratas podemos volver
a beber un poco de aguardiente de las manos de ese vedanta
enfermo optimista que nos habita en las trincheras de la piel

las arrugas nos rodean

desde ellas disparamos

17

clérigos aleteando en las lámparas alegorías de cualquier
paraíso simple

una inevitable caída de abades

por las escaleras del pánico

formulando manchas negras

por los escalones

los santos ausentes de las calles

las calles llenas de santos civiles

el espíritu santo asomado a la cúpula del Reichstag

los niños a salvo sin catequesis

los bebés a salvo sin monjas

los homosexuales a salvo también

los embriones no lo están pero no lo saben por eso no lo están

las gárgolas caerán de viejas

como tiene que ser

las ruinas serán lo que tienen que ser farsa colmada de ritos

18

lo esférico y voraz

lo inmaterial del plomo de tus recuerdos y la superstición de la
esperanza

el resto es la criatura maldita

nuestra humanidad de satélites

las leyes del vuelo del alma

que se incumplen en nuestros actos

atravesamos los suburbios de la mente desechos de la deriva
sin razón

enfermedad de manos apretadas de tormento como las
palabras

esferas flotantes que te miran

las otras pasan desapercibidas

y te piensan

19

rudimentos para la explicación de la nostalgia

en el principio fue un escándalo

**un matrimonio de sorpresa y medallas que ocurrió demasiado
pronto**

después capítulos de confusión

de brutalidad manifiesta recorrida por los días

al final siempre las dudas

**la muda distancia tras un hambre cansada reclamos que
perecieron en un fracaso sublime en una soledad que deviene**

allí acontecen recuerdos

como la miel en los labios

20

**la pregunta resuena arrolladora la burla oculta de la muerte y
sus pavimentos preludios del grito**

pariente del principio

siempre la fe insignificante

**que abarca respuestas santos doctrina la mancha eludida por
la desilusión de la razón frágil es un charco que se propaga**

**al menos contesta al mutismo enajenado de la creencia
absurda**

**los sofismas se detienen cansados melancólicos con la pereza
amarga de vivir**

de tener que mancharse de dudas

de arrastrarse con espasmos por la experiencia

la suerte nos acerca a la verdad

lavada por nuestra predisposición

consumida en intentos de todo

los yacimientos de lo imposible se encuentran bajo la
inmundicia del ánimo

son petróleo putrefacto que hay que rastrear

brillan ascendiendo como un fantasma velado y letárgico que
dormía fuertemente abrazado

a las raíces del alma del mundo

ese sueño no se sacude con plegarias sino con el elástico
parecer de la curiosidad aquella que pervive tras los desastres
del tiempo

21

con las manos dormidas abriendo el suelo nos mantenemos en
órbita así se mueve el mundo

con el afán del recuerdo encontrado

bajo tierra

en cunetas

en juramentos de sangre

en la justicia de la humedad monstruosa en estratos que
asfixian

allí se encuentran el ruido y los gritos combustible de revuelta

la confusión será arrancada con lágrimas con ella marcharán
los pies descalzos al presente

la muerte de la esperanza es el camino al futuro 22

cortejos nocturnos cruzando campos de antorchas rostros en
papeles portados en silencio por las calles rostros arrebatados
por las armas

por la ligereza que tiene el miedo cerval de la violencia cerval

el interminable grito estadounidense en las noches es la
injusticia de una autoridad hecha lobo por el frenesí de las
armas

cadena perenne que arde en las cruces del presente la
impotencia de los hijos del algodón de sobrevivir sin miedo

a la muerte blanca desde el disparo

quinta enmienda

decimotercera enmienda

no termina el entierro de Lincoln

23

todo importa siempre como la imaginación

espejo que saluda brocha en mano

completamente chiflada

el inconveniente de la luz

termina con una catarata de persiana que no se ahoga
empírica

abrimos la ventana o nos permitimos palpar las paredes la
muerte cretina tan despierta

nos lleva de la mano al instinto

a la química feroz

del cuarto de atmósfera densa

cosas de la mañana

24

somos el origen de razones que insinúan un invariable dilema

las nociones nos ahorran la inquietud ese amontonamiento de
voces inútiles de desconcierto

parecidas a la calma en su antípoda infeliz

viajar imaginando fielmente

cómo crecen las impresiones

cómo esperan en un arsenal lejano

que no nos sirve

vivimos instalados en la muerte de una tarde tirados sin miedo
en la cama

dulces con espíritu ignorante

enfermos de abultada angustia

de maligna hermosura

en resistencia sofocada

muertos en el confort y su confusión estampados en el lugar
asignado cada día hasta la inclinación bailarina

hacia una enfermedad que nos borre

25

la noche rodeada sucesivamente encendida por la conversación

y los lamentos

solamente es absurda

la duda arrinconada con la mentira a cuestas

los trenes viejos pasan cargados de ruido revelar su orden es
como correr a oscuras contra las paredes

como toparse con la esfinge y mentirle a la cara con una
metáfora mal entendida

mejor tragar bastante saliva

como para perder la sed

antes que la cabeza

así y todo el orden consecutivo nos aburre tanto que algunas
mentiras son convertidas en leyes para jugar a las cartas

26

un brote de soledad entregada suspirado por algún reflejo

del veneno del acervo

con las manos sucias en la cara

las lágrimas concluyen el triunfo infinito del dolor

sin embargo no hay rostro anegado

sólo un tránsito precario al olvido

azaroso como el caminar de un niño

en movimiento perenne

27

la vida nos llena de sentencias hasta que llegamos a la situación
más desaforada

una manera de arrodillarse

libres de brillo

sin puertas al perdón

en un pasillo hacia la morgue del ánimo la vida nos lleva de la
mano de lo manifiesto con los ojos apagados por una luz
imbatible

un romanticismo pisoteado

resiste con astucia en la lona

vive en la pereza que es sentir el calor mientras la cólera se
convierte en atmósfera todo error cometido

es una sospecha occidental

un reclamo de guerra

un enfado infinito repleto de certeza

es desagrado en la sangre

una inquietud penosa que se atisba

28

las últimas consecuencias son hormigas rabiosas obsesiones
lúcidas de pudor insensato hermanadas con un perfume a
ahorcado

entrever lo metódico nos hace miserables quién sabe si los
brotes son pétalos o navajas nuestros huesos quiebran de
pensamiento caen feroces en su debilidad

perdonémonos

amemos resbalando por una ladera de descontrol por la
incertidumbre seca en nuestra garganta con ganas suficientes
la encrucijada se esfuma

obvia el debe

obvia el tengo

avanza en la plena maleza de tu miedo

29

alrededor de lo delirante están los héroes con un espiritismo

dispuesto a pescar el exceso de lágrimas

las sílabas quemadas se amontonan

y el gentío se vuelve terciopelo en las calles

insistir así en el recuerdo es un reflejo del hábito de ruina de
los mansos

los enfermos mueren ocultos bajo las camas y la propaganda
de persiana los barre hasta que ya no están

son reciclados en vómito que se embotella de nuevo

todo eso a cambio de la brisa de los anuncios de sus
oportunidades ficticias que nunca se agotan

impulsados por esas ideas

nos tiramos por las ventanas en masa

el mismo espanto es la explicación

un barrizal que se extiende con ansia

30

los cráteres se adivinan definitivos como liturgias

agujeros que provocan todos los suspiros esa amargura
sacralizada como larva

como un charco vacío

el mito breve de los impactos

las acciones que impactan

las palabras que impactan

los cráteres esperando la lluvia

charcos y espejos

saltar de nuevo

31

constelaciones de golpe giratorio

la irónica derrota de una mordedura

esencialidad de una boca defendiéndose o alimentándose

quizá pervirtiendo el orden autóctono de un beso imposible

es tan fácil ser derrotado en ese salto camino al objeto

que el abismo se convierte en probabilidad

hay que asumirlo en pleno vuelo

quizá la ventana esté cerrada

32

los espejos a oscuras feroces jueces que esperan en su
habitáculo buscando un destello insinuado

la mínima sensación

el espejo es nihilismo

negación de luz redundante

una angustiosa verdad

recoge todas las dimensiones en reposo incluso los reflejos
negados

la irreflexión de la oscuridad

deja el tiempo en suspenso

anclado en su último recuerdo

33

la esfera inconclusa una escotilla a dimensiones de afecto
expulsado la esfera enfrentada al olvido

cuánto durará resplandeciente

mientras se difumina

qué ambigüedades inevitables

dejará en tus manos

34

la curvatura de la calma antes del disparo del arco

una puerta vigilada

por un perro en silencio

un signo compasivo y efímero de la vida antes de salir
ardiendo

la contención del ocaso

cucarachas flotando en el pozo

los ojos cerrados antes del golpe

la picadura antes del dolor

la nada antes del todo

35

el hexálogo numérico delito del azar

catapulta de incertidumbre

cuyo impulso se detiene inmediato

y nos trae de vuelta

al mundo probable

luego empeora el pronóstico

tentar la suerte dilapida los cálculos imprescindibles

para intuir la vida que viene

36

carceleros

alambres primarios

fósforos encendidos que se consumen

picaportes a la libertad

objetos medianeros sin bolsillos

a hombros de la sordera

burócratas sin noción

escupideras de un gremio superior

medios del contratiempo

obstáculo de los sueños mutilados

verdugos del ánimo

que el último suspiro desde la celda os tumbe plácidamente

37

lo que sorprende de la benevolencia es lo entrecortado de sus
actos

actos que toleran las sombras

que quedan encendidos de noche

y continúan ocurriendo después

como recuerdo concatenado

son fiebre inconfundible de cuatro locos sorprenden a los
pirómanos de lo increíble que arrasan el mundo

38

la coherencia es un altar pequeño un invento sobre el terreno
arrasado del impulso un coqueteo con lo importante

tras cerrar la puerta

39

el bautismo estético es una provocación que sobresale

que coagula el vocabulario

hasta el incendio

es equivalente al lenguaje de las raíces a reanudar la ofensiva

contra la equivocación de vidrio

que nos somete

40

vibra la provocación precipitada festoneada en su furia
discrepante

parva de cataratas y tormenta

nada permanece en pie

sólo el cortejo fúnebre de las opiniones

cambia el fervor de lado

hacia una profundidad nueva

imparable como una criatura que nace

va y viene en multitud

la salpicadura del desafío

va en busca de supervivientes de lo convencional que es un
fantasma robusto

41

la manera de sobrevivir al cataclismo es por cansancio

vale de poco apretar las manos

en ese momento imperfecto

así de sencillo se sale de las trampas sembradas en la boca

que quiere gritar para pedir ayuda

cuando debería entregarse al bostezo 42

un simple reflejo de la memoria nos trae al lado acompañantes fatuos

apariencias cercanas

inmersas en el telón

esperan adueñarse del escenario

ser protagonistas antes de esfumarse

43

balbuceantes de cabeza pequeña permanecen ignorantes unos

lúcidos otros

los interrogantes esperan

son enormes artistas de circo

ajenos a la diferencia

miriápodos en busca de dudas

hablan estáticos y fúnebres

44

el mandala sin límites esquema de cosmos

con sus vidas flotantes

ingenuas líneas de tiempo

confines de todo acto

que conviven envueltas

en dimensiones grotescas

caos en orden riguroso

45

venus encontrada

el retorno al paraíso

como una duda sumergida en pétalos

noche de brazos abiertos

de laberinto en su centro vertiginoso que seduce a la locura

a la desaparición permanente

en la tierra

46

ma petite nymphe

es un placer la memoria

presenciar atardeceres como oasis

vapores furtivos en movimiento

audibles como los gestos en la noche

la vida se absorbe por la piel exhausta las miradas giran
variantes a oscuras y traen rápidamente el mediodía

47

somos obras que se ahuecan en gestos de recuerdo

antepasados modestos

del desorden brusco por venir

48

en desacuerdo con la figura desigual de un reino atormentado
como un galgo

este pacto de tratativa y circo

disfraz de una mentira

es una oportunidad de diablo

de mandíbulas como refugio

libertad calcinada y cenizas de silencio de torbellinos de
hambre aspirando la tierra

somos un atolladero de lo supuesto

con admiración por lo absurdo

49

el fragmento se resuelve en páginas ventanas cerradas

en una discusión ardorosa

esos pedazos enuncian burlas

al metal de la deducción

son periféricas a la mirada

intermedios de metáfora

en medio del escarmiento

de la vigilia

50

lamento mucho el colmo planetario los detalles demasiado
confusos

la rotura de las caras felices

el descanso del futuro

y la enfermedad del ánimo

la privación de las preguntas

de los errores

nos ha traído la miseria magnífica

una tristeza revelada

y un pequeño holocausto

de las razones para no claudicar

51

la música galopando su sombrero cantar es aprovechar el
espacio

entre la noche y la vida

parado frente al semáforo

el ruido termina con la caída de monedas sólo a golpe de
concierto se come caliente montones de tardes y las uñas rotas

loquero extemporáneo

52

un caimán cercenado en los muslos y la piel remendada con
sogas

la condena primitiva cubierta de sudor desnudo las
respiraciones apiladas ceremoniosamente antes de resbalar de
cansancio

por los brazos en prolongación escogida

es necesaria una cautela disuelta

para la práctica de las fijaciones

los pies adelantando el trabajo

y las rodillas alineadas

para la tortura ejemplar

una sola bebida en el otro y ambos verdugos un resplandor
inigualable y conjunto

53

esta noche la escalera lleva hacia dentro ahora que dormir es
excusa

para despertar en la asfixia

en sudores de la memoria

figuras de una última luz

alegría íntima la del olvido

sufrir de enterramiento

y al abrir los ojos

caminar bajo el peso

cavando con torpeza

54

la anarquía del triunfo de las consecuencias que brotan de los
pasos

de los encuentros de azar impecable

de los tropiezos provocados

instantes perdidos

encontrados mil jornadas después

como tesoros en las cunetas

la fatiga de una búsqueda que es descanso a los pies de una
sonrisa maestra

con una oportunidad en las manos

55

la gira nobile

cuando el jazz suena

como la lluvia en los charcos

la suciedad en las pisadas

papeles rotos en la calle

compases de humo

al fondo de un local sucio

sonido desbordante deliberado

un club donde los clavos se saltan

a ritmo de contrabajo

donde solloza una trompeta solitaria una batería emerge entre
la arena

y el piano es arquitecto

orden intrínseco

compuesto de incertidumbre

caos que no lo es

56

la constelación de cúspide

la noche enmascara el relato

entre luces de brillo inexplicable

se trazan líneas ficticias

puntos en el cielo

la construcción del espacio

el encuentro con la forma

que no quiere contar nada

sólo caminos en falso

con sus tropiezos

cuando los pasos no llevan a casa

conducen al final del dolor

con toda la deuda pendiente

del fino cuello de un cisne dibujado

mirando el cielo

el insomne está preocupado

por su enfermedad terminal

la pérdida del tiempo

57

panteísmo de quicio y mármol aglomeración de guijarros

una trampa quebrada cuyas grietas

son pequeños fragores

se llevan los restos por delante

y el terciopelo imperfecto

está cansado de esperar la lucidez suficiente como para
derribar todos los templos absurdos

58

colocadas en caos declarado pequeñas piezas de espasmo

después de un ocaso intenso

galopantes exequias

pretéritas ventanas que vomitan sus

miradas

milagros que traman vergüenza

consumada tristeza derrumbada en afanes de intromisión
vencida

de presunto encuentro

empeorado latido

hilvanado de desánimo provocado

por el sencillo regreso

de un vestigio incólume

59

la estética enmascarada desciende dramática

derivando en incendios

en sueños cabeza abajo

como un sombrero equivocado

60

arañando la respiración en aliento sin palabras

recorriendo territorio tendido

ruido de caricias

mezcladas con aguas diferentes

interrumpidas por espasmos

baile de torpeza a oscuras

reconciliación ocurrida de los cuerpos falta absoluta e
insensata

de espaldas a la razón vigilante

todavía subestimada

en el deseo

despertar confuso con la mañana en brazos con el control
desabrochado

las metáforas rendidas

y un final asesino al mediodía

viene el abandono mutuo

de vuelta a los rincones a dormir

61

no son sino lugares sin nombre llegar tarde a las horas
perdidas

comer despacio por última vez

temer a las hormigas bajo tus pies

mover las estatuas inacabadas

triunfar en las mentiras propias

un encuentro furtivo sin remedio

comprar caro tu pellejo

llevar encima arena robada

mirar a lo largo de los vagones

un pensamiento lúcido al tropezar

dormir en medio de tormentas

rescatar naipes en la acera

correr detrás de los árboles

masticar la niebla de la duda

complicar aquello que es inútil

domesticar los vientos de un engaño

comprender la historia del derrumbe

una mancha de tinta en los dedos

las ideas que caen por escaleras desmadejadas

62

extraños giros de cabaret inercia de los cuerpos de encaje

desgarra las expectantes retinas

las luces de color los destellos

las piernas de piel y nylon

sonrisas a toda velocidad

los gritos y las manos apretadas

vasos vacíos

música ruido y humo

vapor sudor

cristales rotos

dolor en el pecho

un infarto en la sala

éxtasis nocturno de pinturas de guerra frenesí de pestañas y
plumas

catarsis de movimiento

63

cómo rehusar una esfinge atentamente escondida

(o el camino en las venas)

la mirada sin hambre de humo y cristales se pierde en la
intimidad exaltada

como aplastar una naranja

64

el único recuerdo es la primera vez un interminable aroma con
sabor a algas una ligera pieza de barro en mis manos

las danzas pálidas de confidencia

una sombra tras la cortina

el universo contenido

en el giro infinito

pensé en arrancarme los ojos

no podría hacer lo mismo con el olfato ni con el tacto de
escalofrío

la mirada queda igual

y yo con ella

65

la Dolce Vita se apaga

mandar al diablo a las mandíbulas

que insinúan suerte

la versión ruidosa de guitarras rotas en la noche los bolsillos
que convierten piedras en tranquilidad

la tranquilidad esclava

de una guardiana de estrías en la cara que busca congelarte

con una mirada de humedad sonora

que gotea como lágrimas propias del suelo

la mudanza de estrellas

nos traerá recuerdos que no volverán

66

el huracán sobre el mismo detalle la misma memoria tan
deseada

en ese espacio habita la circunstancia creada por una excusa

el inmediato olvido aniquila un anhelo burdo lejos dialogan el
tiempo perdido

y la pereza

67

un teatro sentimental embajador de sucesos a oscuras

acostados en el aire sucio

fumando herrumbre

sobre paredes que no importan

porque nadie nos escucha

del otro lado

hacemos ruido

para que nos oigan

68

homúnculo samaritano deforme huésped

la sonrisa en el vientre de la calavera

fracaso y victoria

del Ser conjunto

cuya cabeza es todo

cuyo todo permanece en pie

preso en la mueca

69

no es fácil respirar la noche despertar ahogado

atado de pies y manos

te retuerces

falta el oxígeno

la noche hipóxica

quiere acabar contigo

no quiere que despiertes

del ensayo

70

tu vientre despertó cuando era espuma un recuerdo dentro de
la oscuridad

encerrada aún en el pecho

cogiendo gemidos sordos

de las paredes de un cuerpo en desamor

gozo es aquello que pinta de rojo

las aguas brillantes de la calma

las horas marean pesares desnudos

mueven el frío a sus cumbres

tan lejanas a nuestros abrazos

estamos hartos de pétalos

el hambre nos puede y nos convierte en caníbales

almas perdidas pasto del fuego

71

los pájaros de ceniza huyen de mí se llevan el caos con ellos

lentamente se extienden en su caída

mientras el olvido hace el resto

72

no creo que sea posible llegar más allá del tiempo sin rasgar un verso sobrenatural

traído de un mundo más allá de este

un lugar que no existe en las guías de viaje

las fuentes de este Nilo son más esquivas que aquellas otras

uno busca un lugar nómada

que levanta el campamento con su entorno a cuestas y recorre kilómetros y kilómetros

de su propia desesperación

73

una metáfora de búsqueda estropeada eso eres boca arriba en la mesa de ofrendas la mentira del vino te trajo

el láudano en tu bebida hizo el resto ahora sometido buscas la piedad

con tus pupilas

74

son fragmentos del mundo las migas en la cama

los restos de pintura en el rodapiés las pelusas compitiendo por los suelos las grietas en la pared del dormitorio las telarañas abandonadas

una pisada anclada en el barro

los restos de carteles en la farola

unas zapatillas colgadas de cables en cada barrio un envoltorio rodando en la acera los buzones sin nombre

los cabellos largos sobre la almohada una mancha en la mejor
camisa

los azulejos pasados de moda

los recortes de periódico

el filamento de las bombillas

las lámparas de papel

unos prismáticos soviéticos

los libros viejos de autoayuda

los brillantes empastes de amalgama

el interruptor de la lamparita de lectura la rueda pinchada de
una bicicleta

la china en el zapato

la cacerola callada ante la protesta una fotocopia borrosa

la pasta de dientes al final del tubo la huella de las lágrimas
secas

el libro con la tapa amputada

el olor de la fatiga repentina

las uñas largas

las cicatrices de la infancia

la Plaza Maitines

un jersey deshilachado

un corcho bajo el sofá

75

somos turistas bajo tierra

en busca de domador

el aro es demasiado amplio

cuando la náusea se convierta en moda las calles se hundirán
por el peso de la gente los edificios saldrán volando

sin habitantes

76

renegar del futuro

en una decadencia occidental

trae la luz hasta aquí

mientras los locos despiertan

y cuerpo a cuerpo agitan

la opinión de la verdad incinerada

libertad estatuada bajo el asfalto

la crematística venció a la guerra

para los mercaderes

que aúllan en sus refugios

77

un alambique perforado un amanecer dispuesto

en sombras alargadas que huyen

una mirada fulminada por la intriga

permanece en los ojos

la retina tatuada con olor a quemado su bóveda es un enorme
manicomio

los locos gritan pegados a sus paredes hay calles abandonadas
aquí

hay espejos rotos

nadie camina por este lugar

sólo la incertidumbre transforma la ruina en presagio

78

la raíz despierta de la tierra en un camino retorcido de ingenio

la espera encierra el llanto en sí mismo lo inalcanzable escapa

y la serpiente lo persigue

piel despreciada sentada en el suelo abriéndose paso fluye el
abandono

necesario

se derrumban los recuerdos

las imágenes huyen

quedan los huesos

el alma se evacúa en la séptima ventana desaparece lo
innecesario

lo pequeño se convierte en todo

el aliento es pasado

a pesar de que el tiempo

dejó de existir

79

la revuelta del ánimo del letargo insufrible de la ocasión volcar
el cataclismo

poner catástrofes patas arriba

gritar contra la pared hasta la grieta abandonar las monedas
en el suelo

y jugar con el instante agrio

80

el humo de cualquier parte te trae recuerdos

el olor de los viejos cuentos

enmohecidos en un desván

las marcas en una puerta

de un niño que crecía

sus zapatos gastados en el trastero

restos de juguetes

en cajones sin abrir

bullicio en los parques

la arena de los bolsillos

corriendo por las perneras

un vaso de agua al volver a casa

el afán incansable de jugar

la ilusión que llenaba el pecho

correr sin que te dieran por loco

cuando el cansancio era sólo un momento

caer sin miedo a romperse

tan sólo costras feas

comer con todo el hambre

miedo a más cosas que ahora

lo misterioso parte de lo cotidiano

81

tesoros encontrados en el suelo usar los codos

y las rodillas

dormir como un pequeño monarca

un eterno presente que no pasaba

que ahora es una fotografía

y vuelve con el humo

82

un territorio huérfano de mapas señales en las esquinas

a través de las aceras sucias

basura y papeles

los edificios traicioneros

cambian de sitio

te confunden

llegar no es un propósito

sólo esquivas fachadas y farolas

que intentan agredirte

tienen hambre las calles

83

un dios significativamente ausente como la voluntad en los
viudos parlamentos

la muerte de la confianza

la amargura pagada con monedas

es niebla malgastada

desplegando el futuro

inventos de la dialéctica

para quemar la madera

que no pudimos prender

84

un embudo para las miradas distraídas de realidades aparte
de la vigilia

la ilusión de los detalles

pequeñas espinas resignadas

a pasar desapercibidas

85

la incesante labor del polvo sedimento constante de la quietud

comienzo selvático del suelo

primero pelusas

luego arbustos y lianas

monos y fieras

la expulsión paulatina del Edén

abandono

86

un alambre de instante que nadie espera el doble grito afónico
de la culpa

tiempo resumido en un paisaje

que aborda retinas cansadas de pánico las manos con hambre

hierro fundido por máquinas sin arte salpica nuestras caras
heridas

las miradas se hacen ceniza

dejan de suceder las vidas pasadas

cayendo en el barro

que pisarán reses pasajeras

87

una sensación de derrota con los dedos heridos plegando su delicado mundo

reptando a través del tránsito

a la soledad multitudinaria

la incomodidad de las razones

avanzar metido en una bañera

observar el perfume amargo

que se ha vuelto loco

merodeando el fracaso

es una buena señal

un vaticinio impermeable al olvido

coincidencias camino del accidente

88

hacerme el ciego mientras siembro el reverso vedado del rumbo

literalmente posible

deliberadamente confuso

el cariño dramático de mi rostro

tras el capítulo final del orden

ironía cómplice que ama las tentativas

así somos fachada somos reflejo

fechas que apuntan a la pérdida

que saltan en brillos humanos que se marchan y resultan
indiferentes al tiempo

89

llorar sin parar metido en la boca gritando espuma condenada

por supuesto que canto en la ducha

aunque mañana vaya a perder la piel

por lo contrario

el olor a limpio del deseo

(ese caleidoscopio perturbado

que especula el horizonte)

es un ataque de licor que se pierde

masticando sardinas sorprendidas

el enfermo viaja a su manera a otra vida sin saliva ni
temblores

la prisión de los días enteros

es la anécdota de un consuelo terrible

90

la mirada boreal

semejante a las noches

con una sensación de incertidumbre gigante mientras soñamos

nos aguarda en los huesos

inventar telegramas nublados por la distancia recuerdos que
son piezas de barro

una infancia borrosa

el olvido se la lleva a mordiscos

lentamente agachamos la cabeza

al pensar junto a una ventana

91

pasajes de metafísica modesta acordes a mi experiencia de
bolsillo a una mirada de miopía entrañable

y alas rotas

hay preguntas ardiendo en la estufa

como un lamento

esperan el ordinario abandono

con pretextos livianos

me exonero del grito

con un pesimismo airoso que me confunde permitiendo cada
vez

que mi nariz perciba rosas al sol

los párpados ya no son excusa

para no ver

me reclamo ansioso ante el encuentro demorado que es la vida
en suspenso

que es tener una piel más de caimán

que de libélula

92

para sorpresa de la soledad la agresión de los placeres

disimula momentos de reojo

a los rigores naturales

sucesivos

manera posible de unos párpados

que aniquilan el diálogo con el hambre y ganan la apuesta a la
oscuridad

todo al tiempo es desagrado

bordeando lo incurable

las excusas lluviosas ya no están

y la imaginación maldice a la pobreza

inclinarse hacia el ciego idiota

es violencia disgustada

una noche completa sin dormir

93

si quieres pensar en gigantes límpiate el pelo de relámpagos

renuncia a ir lejos

por si te aplastan

sus dedos no acarician

escriben a pesar del llanto de los idiotas que atesoran fármacos

llevan manchas de tinta en las manos transportan barriles de
néctar

que hacen desaparecer

son aire gozando de los cohetes

son poetas girando en silencio

mientras caminan

94

madrugada dócil de las almas irritadas el aplazamiento de lo
evidente

los muertos de nacimiento

mentiras sobre el tablero de ajedrez las excepciones superfluas

un arco cansado de brújulas

cosquillas sin tregua

un privilegio inverosímil

95

un poseso afanado en el mar un labriego trashumante de la
noche impedida el ojo abierto a las impresiones

las tardes opíparas con los guantes gastados todos los días de la
semana

maltrechos como inquilinos de cartón

la difteria se asfixia en una época

donde las chimeneas se insinúan a través de la cábala como
llamas de atención heterogénea

los humos se retuercen

se llevan el virtuoso veneno

la ambición se arrastra contigo

hasta la meningitis de la metáfora enferma

bastarían los cauces de una magia

que levita como piedras

lanzadas en Jerusalén

96

contemplando las ecuaciones a plena luz todos te ven conspirar

todos tenemos nombre en la era anónima así es como nos
derogan los problemas escultura de un mundo irritado

caen los escombros del presente

con el sueño desplazado y la letra rebelde sonreímos con
heroísmo culpable

97

torturas vendidas como placeres

un consuelo inexplicable

un tobogán vertiginoso

nosotros mismos mirando el tiempo

las razones de la salvación somnolienta la esperanza
convencida del precipicio el llanto instantáneo

los líos absurdos de la lógica

problemas que estrangulan problemas

la anarquía encarcelada

aguantar un poco más

proteger las buenas costumbres

manosear las coincidencias que revolotean pedir consejo a las
hienas

traer el frío hasta la misma puerta

quedarnos sin olor ni sabor

la convicción histérica del progreso acariciar el alambre con
cuchillas

tragar cucharadas de optimismo

llorar mientras las sacudidas nos gobiernan

98

por mi parte llamo excepciones a las cosas imposibles

a los retratos confusos de los santos inmóviles al recuerdo
vertiginoso de la infancia a la felicidad triste de los
sentimientos a las risas que produce la ética a los infames a las
jerarquías que provocan dolor y nomenclatura a la lógica
superficial de las víctimas de la levedad al rotundo derecho del
violinista a soliviantarme a la merma de sospechas cuando
protestas al inútil estómago de la civilización a los problemas
que acarrea la renuncia al recuerdo disimulado de la verdad

locura micénica

99

constelaciones de mitos renombrados de alfiles corruptos y
matreros

la náusea tolerada es el monstruo de la historia beatificada por
la propaganda

las súplicas son un abandono de la docilidad la tormenta de
rebeldía

se pudre en los desagües del abandono la pereza vence en los
casinos

dulcemente consentiremos

no hay remedio para el mal del manso

100

la metafísica y su trascendencia se van al cuerno con sus
rudimentos de magia son formas de despertarse maniatado

blanco fácil de la filosofía

y sus preguntas incómodas

hay demasiado escándalo bullendo

en vidrieras del supuesto

que esquivan la luz

101

los violines impertinentes gritan acerca de las vidas canallas

que duermen rabiosas a oscuras

sobre sus vivencias

es el precio de la profesión brusca del filósofo evadir las
ausencias de los tableros las dudas se arrastran bajo la cama
exaltadas perfuman sus ramos que no retornan al suelo

se duerme mejor con toda la sangre metida dentro contentos y
húmedos como los vivos

pasando las tardes amoratados por pantallas

nos rendimos al agua que nos tiran

pagamos las torpes promesas promiscuas los párpados son
testigos del miedo permanente a todo son lo más cobarde de
nosotros

huyendo mientras contemplan el peligro cambiamos de ojos
con ceremonia

acatando insensatez de un gris ahogado

102

un bostezo contra la asfixia de lo inmediato un último pasaje
del gesto

es tarde para la retórica

con sus opiniones de vertedero de tiempo

es promiscuo el pragmatismo

la mejor vacuna contra lo irracional que se comporta en el
error como en el olvido bufón y verdugo a la vez

la certidumbre es sembrada de desmanes en regiones donde lo
previsible debe asesinarse sin remordimiento

103

el silencio: el único método que ilumina lentamente el mundo
elemental el silencio: el único método que ilumina lentamente

el mundo elemental el silencio: el único método que ilumina
lentamente el mundo elemental el silencio: el único método que
ilumina lentamente el mundo elemental el silencio: el único
método que ilumina lentamente el mundo elemental el silencio:
el único método que ilumina lentamente el mundo elemental el
silencio: el único método que ilumina lentamente el mundo
elemental el silencio: el único método que ilumina lentamente
el mundo elemental el silencio: el único método que ilumina
lentamente el mundo elemental el silencio: el único método que
ilumina lentamente el mundo elemental el silencio: el único
método que ilumina lentamente el mundo elemental el silencio:
el único método que ilumina lentamente el mundo elemental el
silencio: el único método que ilumina lentamente el mundo
elemental el silencio: el único método que ilumina lentamente
el mundo elemental el silencio: el único método que ilumina
lentamente el mundo elemental el silencio: el único método que
ilumina lentamente el mundo elemental el silencio: el único
método que ilumina lentamente el mundo elemental el silencio:
el único método que ilumina lentamente el mundo elemental el
silencio: el único método que ilumina lentamente el mundo
elemental el silencio: el único método que ilumina lentamente
el mundo elemental el silencio: el único método que ilumina
lentamente el mundo elemental el silencio: el único método que
ilumina lentamente el mundo elemental el silencio: el único
método que ilumina lentamente el mundo elemental el silencio:
el único método que ilumina lentamente el mundo elemental el
silencio: el único método que ilumina lentamente el mundo
elemental el silencio: el único método que ilumina lentamente
el mundo elemental el silencio: el único método que ilumina
lentamente el mundo elemental el silencio: el único método que
ilumina lentamente el mundo elemental el silencio: el único
método que ilumina lentamente el mundo elemental el silencio:
el único método que ilumina lentamente el mundo elemental el
silencio: el único método que ilumina lentamente el mundo
elemental el silencio: el único método que ilumina lentamente
el mundo elemental el silencio: el único método que ilumina
lentamente el mundo elemental el silencio: el único método que
ilumina lentamente el mundo elemental el silencio: el único
método que ilumina lentamente el mundo elemental el silencio:

el único método que ilumina lentamente el mundo elemental el
silencio: el único método que ilumina lentamente el mundo
elemental el silencio: el único método que ilumina lentamente
el mundo elemental el silencio: el único método que ilumina
lentamente el mundo elemental el silencio: el único método que
ilumina lentamente el mundo elemental el silencio: el único
método que ilumina lentamente el mundo elemental el silencio:
el único método que ilumina lentamente el mundo elemental el
silencio: el único método que ilumina lentamente el mundo
elemental

104

somos tormentas al límite de la repetición cosas guardadas
bajo el cielo raso

sobresaltos de mariposas sordas

trastos perfumados de aire viejo

somos lava en las gargantas de los astros que bailan en un
viernes eterno

así de inquilinos lloramos al mundo

a la pérdida del tiempo lenta como las sombras

105

un anagrama confuso que nos resuena alrededor dedicatoria
de los movimientos impedidos que acrisola un diálogo
inconciliable con la sordera

marchan los estandartes de la huida

hacia la humilde duda de la vida lejana

el fervor profanado elige quedarse en la telaraña rodeado de
traiciones en una colecta de mediocres

hay vida en la miseria

en las rodillas sucias de los niños jugando en la calle en los
dedos rotos que rebuscan

y en la tos de los transeúntes desahuciados

convencidos de lo contrario

con los zapatos cansados

pondremos las heridas a secar al sol de todos los días

y nos agarraremos las manos

para resistir

106

el hastío

esa enfermedad bondadosa de los cínicos

su sacrificada censura nos cuida

como un lecho de armonía latente

de incipiente mentira desganada

quedarnos callados es el precio del hambre

107

cualquiera es cómplice de rumbos de romperse el estómago
con las uñas de tener apetito por la sorpresa

y los temores fugaces

vemos itinerarios equivocados en otros confusiones metódicas
con aire clandestino escándalos forzosos

dudas

y otras venenosas minucias

sin rastro de inercia

108

apresúrate a llegar al encuentro de escondrijos ajenos

a las miradas que no lanzas a las esquinas allí habitan los
ejércitos de la duda visiones prisioneras que omites

con descuido o a propósito

miríadas de cuervos extrañados por la espera sus silencios te
descarnan

mientras continúas con tu nada procaz rutina tu tiempo se
agota sordo igualmente

sordo o ciego a la llamada

eres testigo de escenarios de minucia y vuelves al atardecer
caminando de espaldas mientras se esfuman los bosques en ti

109

caminando en el distrito zombie del mundo el significado de la
palabrería

se retuerce hasta su articulación básica batiente y ruidoso
cacareo de mandíbulas una burla contra la tapia social

saturada en mares de opinión oblicua de imagen abrupta y
opios afines

consumados por el silencio de las ideas

para refundar nuestra frescura de ánimo tendremos que
esperar el desastre en silencio para retomar el riesgo el desafío
del presente por ahora no somos capaces de lo formidable

110

ahora es difícil abrazarnos como encontrados perfumes

hablar de caricias sin consecuencia

era un método primerizo del pasado

que nos abandonó en su guerra

la pregunta es un deseo afónico

una delicia urgida de la conclusión

no parece víctima del rescoldo atómico que envenena la vida
de ambos

111

nódulos de suciedad lastimosa avanzan imprevisibles

son muecas de sombra infinitas

ventanas de un tablero curvo como el verbo

saltan con facilidad decorativa a mi garganta dialogan falaces
contigo que no escuchas renunciando absolutamente sedienta

loca como el momento dulce

en el que nos miramos

112

la única concesión que me atemoriza la siento en el estómago

liviana como el sueño

en el que te convierto en espasmo despiadado contorno de
grito

en el territorio nocturno

113

silencio matinal

forjado por la fiesta ajena

de visiones inusitadas

sumidas en la curiosidad

envueltas en tibios susurros

de crepuscular envidia

figuras que rehúyen las manadas

el esplendor de los caimanes

hechos de esqueletos flotantes

señores antiguos

dueños de las baldosas de cada templo

rotos como tiestos en el suelo

manos frías y quebradas

bajo los cartones de la ciudad como fachada

expulsados en hogares temporarios

en metamorfosis continua

molinos a la deriva

oro en polvo perdido entre los dedos magnates en un asilo
mugriento

pérdida extensa prisionera

a la vez libre

a la vez breve

114

estructura textual POEMA ARDUINO 001

un escándalo merecido

verdadero como la acción de buscar lo absurdo lo incoherente

en los falsos problemas

el gusano encarcelado

dice que merecemos

atender a la lógica apesadumbrada

115

maneras vespertinas de mirar al tiempo de alcanzar la ventana

de acariciar la mañana desnuda

oportunidades lejanas a tu intención

decisiones encadenadas

a un viento de horas inevitable

que te silba al oído

que amontona recuerdos en tu memoria promueve olvidos

y te hace vivir a saltos

116

como esclavos marcamos el paso irradiando catástrofes
reducidas

inconformismo de alfileres

buscando momentos felices con desmesura que contradigan
esta realidad plastificada con un gancho al hígado de las
falacias

podrían las experiencias

ocupar más alegría

que olvido funcionario

en estas circunstancias feroces

esos líos son acreedores

de casinos emocionales

conducen a la falta de resignación

y acaban siendo libertad fulgurante

117

las paredes llevan al regreso a la puerta que abriste al entrar

a la espiral de occidente

un limpio carnaval cosmopolita

de tronos falsos

al que no estabas invitado

sobrevives limpiando

estancias turbias de aristócratas

que visten con tus pieles

van a fiestas y ríen

el remedio es la morfina esperante

el sudor del hábito

los meses entierran el entusiasmo

los años desaparecen contigo

eres huésped de un mundo prestado

118

las desconocidas entrañas nos guían por los parajes del miedo

traen nostalgias fugaces

que ahondan nidos de cabaret opulento donde las tripas bailan
y marean

las paredes del mundo se mueven

en intestinos voraces de olvido

119

despertar es lo malo no el ser infelices acorde a los golpes

despertar

me refiero a dejar de soñar con la sorpresa a toparnos con el
llanto vacío de la locura que mata cucarachas para dormir

la demostración perfumada del grito

eso es despertar

eso es lo malo de encender la luz

y vernos en el barro

120

esperar es discernir la indiferencia repetir la soledad infinita

mantenerse bruscamente armado

frente al miedo que acecha

la pirotecnia nos confunde

levantando grietas de una atmósfera

que sabe a azufre en nuestras bocas

es la extinta metafísica

que nos condena al mero objeto

a la nostalgia del vértigo

al borde del acantilado

121

cruzaremos los escalofríos por completo barriendo a secas las penosas selvas

distraídos con elementales paraguas

mientras nos recogen en camiones

la indiferencia encarnizada nos hundirá en la tierra

castigados con grave malicia y tiempo terminaremos convertidos en petróleo

122

primeramente mágica la mirada se esconde en las estrías

tapadas por los dedos

ritualmente anidada

inclinas la balanza del lado templado

literalmente inscrita

la delicada tortura se ciñe al pecado

esos caminos queman el alma inmediatamente son laberinto
ligado a las lenguas

donde son monarcas las dobleces

y los gritos perfumados

123

sobreviviente de trampas doradas de obscenidades excesivas
para los mártires

las escaleras son recorridas

por la cuidadosa caída

de un obispo envenenado

compartir las bocas frescas

como monjas jóvenes

el sacrilegio perpetrado

tras arrancarse los clavos del sexo

escupir a la cara del mismísimo Judas inscrito en el espejo

meter la mano entera en la llaga

hasta tocar la pared de una ermita

124

pensamientos radiales me confunden

a vueltas se me cae el pelo

sin remedio me lo agarro a la cabeza no pretendo la vuelta al
orden

sino lo otro

125

el margen del dibujo es un grito que emerge del papel

gozar lo hallado es libertad de tropiezo

126

ninguna expresión se encuentra en riesgo de reverencia a
causa de un honor inmerecido

un despecho ártico nubla el orgullo

y ésta palabra se suicida en silencio secándose su tinta

127

increíble consuelo nocturno sentir los pedazos tremendos de la
fatiga de arrinconados ángeles estúpidos

cobradores resplandecientes

también las palabras duermen

como sombras

que no susurran impedimentos

de manera gigante

un concierto de respiración grave

pies sin zapatos

alma sin vestimenta

y algunas nostalgias que brotan

128

capaz de malentender de rodillas mientras chirría el discurso
embarrado sin hermosura

una imaginación con olor a quemado

llena de manchas

de alfileres por el suelo

un amor inesperadamente pobre

de golpe destruido por el enojo

muñecos del desprecio

con un perdón trasladado a otra vida

una traición a los días buenos

que quedan enterrados al fondo

cuando una surrealidad brusca

trae de nuevo los abrazos

y su temblor

129

deshabitar la tristeza dejar atrás las protestas del desánimo abandonar los gritos a su suerte

encerrar el polvo en los libros viejos apartar las manos de la cara

esquivar llamadas del pasado fúnebre burlar el idilio con las palabras

huir de las semillas satisfechas de las raíces arrancar de cuajo las que restan

agarradas y duras

habitantes en las alas

lastre de piedras y espinas

en platos a la mesa

cerrar la puerta con fuerza

que el ruido espante a las estatuas

y que el útero marchito de malentendido se derrumbe

130

cirujanos de proporción culpable negación de la suerte

son carcajada de elogiada conversación escapan con sus cigarrillos en la boca a las pesquisas de la muerte química

ángeles en la puerta

que roban el último aliento glacial del moribundo

son blanquísima aliteración de cadáveres llevan sombrero de pico y botas altas por el día corbata y sonrisa

zapatos brillantes e impunes

con una dirección enferma sin arreglo protagonistas de incertidumbre

hermanos de lo establecido y cruel

seres de las entrañas y grietas

administradores de la muerte

nos hacen saltar por las ventanas

y miran con asombro

lo que son capaces de hacer

131

de pelo salvaje diosa del Éufrates con las piernas derramadas a lo largo arrinconada en sábanas viejas

buscando una mirada en la oscuridad

corona de heroína salvaje

revuelta del alma en abrazos

forcejeo resbalando de humedad imparable aliento gemido entrecortado

hambre

risas interrumpidas

y mordiscos tímidos

así se arrastran los humores

de una venganza de cenizas por llegar propiciada en prendas
abandonadas

132

despedirnos estrepitosamente abrazarnos como porcelana rota

en caricias palpitadas de recuerdo

insaciable madrugada coincidente

un destino abolido por la ceguera de los cuerpos

133

mirando la congelación de los párpados colores flotando

y brillos que huyen prescindibles

el techo se perdió de vista

tropiezan apariciones

que nos caen encima como piedras

finales al margen de lo vivido

algunos vestigios que superan el despertar

como recuerdos exquisitos y terribles como inciertas hipótesis
amables

134

la pereza era otro no yo

la soledad perfecta es una libertad aparente donde no existen
las cortinas sucias los dramas son propósito de árboles

que arden por la noche

los sueños son el transcurso acelerado de la vida insalvable

la insensatez es la política de saltar al vacío con los ojos
abiertos

la locura es la dignidad expresada

por unos pocos generosos

el miedo es un tenedor inmóvil

clavado sobre la mesa

135

alimento ruidoso de los actos una suerte de caída rápida

por los problemas precisos

como grilletes cotidianos

decir principio es caminar desnudo

vacío y clandestino

en silencio

los ecos acompañan susurrando

lo que hablan los rincones de ti

136

el reclamo delicado del aliento vertido del mar a la boca

una playa sin arena al fin

sólo agua dormida

soy *ahora* sucediendo

un rudimento impreso

en un lugar sonriente

nacido de una ofrenda al abismo

137

la costumbre del armazón de alambre lo grotesco e insensato
que oculta

flotando en un pozo de agua sucia

el infinito nos trae recuerdos

como tejas llenas de musgo

que se ignoran mirando el cielo

mientras te mojan la cara

remontar peldaños del pasado

sería como tragar el dolor sin ganas los pensamientos son
coágulos que nos incendian sus aguas derivan bajo tremendos
finales ocasos de lo inútil de buscar

de perder

encuentros con el fango otra vez

y el significado de ese pozo de pulpa doliente que pulsa en
nuestro interior

una tristeza jugosa y cálida en el pecho que duele al rozar
contra la ropa

y hace agachar la cabeza

138

condenado arcángel

abandonado encantador de serpientes

oliendo a sombras

ahogado en impaciencia

con el cuerpo manchado

y las alas quebradas de espanto

es infeliz de puro miedo

esperando un autobús

139

las huellas de las sábanas en la cara del despierto

me pregunto si respiro

si por lo menos sigo vivo o soy culpable

he tenido un sueño

en el que no estaba preocupado

los problemas se pelean por volver

al abrir los ojos

de un empujón me levanto

arrastro los pies por un suelo helado no me reconozco en el espejo

la cara está llena de arrugas

de la cama

de la cara

aparecieron esta noche de golpe

de ellas cuelgan los problemas

que las estiran con sus manitas

con el peso van estirando hacia abajo no se van con el agua

se quedan conmigo esta mañana

las huellas de las sábanas

140

naranjas y fatalidad un litigio temprano

un brebaje caliente con ideas

es un remolino

que arranca con pelos y señales

colores de un pozo brillante

caer de cabeza en el conflicto

una barbaridad mientras la aurora se retuerce llanto de
heroína quemada

un destierro temporal

rodando por las escaleras

141

casi siempre las promesas terribles escampan como tormentas

se convierten en una somnolienta costumbre de párpados
cosidos

con el alma pegada al suelo

se arrastran

142

como siempre el espejo y su mirada minuciosa

esa reflexión inútil

contestada cada mañana con la misma mueca

sin la duda incurable

mientras suena la radio de fondo

se hace tarde

de manera insensata

143

can vies

jamás lo inesperado se entiende

más bien se arranca

del terciopelo de exceso aritmético

para ser digerido por las dudas encantadoras donde párrafos
como hierba

ocultan lo cierto

como flores emergen en barricadas

versos de un suburbio

144

bella inaudita de noche impasible de zapatos negros

pupilas dadas de sí

cansada como un río

vuelve a casa en la húmeda madrugada de barrenderos y ruido

caminando con cianuro en los pies

al cerrar la puerta sórdida de su apartamento baja las
persianas y se tumba contenta

la soledad funciona en silencio

ahonda el abrazo que no está

145

arrinconada la esperada apuesta la verdad nos sonríe desde
una esquina imposible

lo inútil es revelado

la paradoja deviene en pregunta

en movimiento lógico

vago y fatal como los cálculos

contemplando el golpe

en una fracción de segundo

la sábana cae sobre el cuerpo

y marchamos a una morgue deshabitada

así de elemental es la lectura dócil de incomprendidas
pulsiones exóticas que nos preguntan por las peceras

de sensación estancada

146

poema truncado por la pereza de un bolígrafo

una alucinación diferente y austera

permite alcanzar el ángulo plantado en el accidente ese que nos
deja observar los órdenes de la ruptura

un pasillo abierto a lo idéntico de las alas de mariposa un
espectáculo circense de microbios que no se van pero que
actúan

los árboles con sus cortezas de caricia abejas embotelladas
girando en el problema

lo ensayado ocurre mientras el ojo rastrea en la caja algo se
divisa al fondo

un paisaje artificial pintado a mano una noche protegida de las
miradas

un paraíso encajado ante la frente

las sillas de un Café

y los polvorientos sarcófagos

147

hacer la digestión de un amor empírico sobre la almohada

aguantar demasiado con esta fiebre perpetua la confusión
constante que jadea

sumidos en esta pecera

en este supermercado de oportunidades maúllan las
intenciones porque tienen hambre se agarran el estómago con
las manos y se retuercen de pura alegría

una tortura preferible a la tristeza y a la soledad consumadas

migas de una madrugada piadosa

148

darle un sentido probado a un umbral sibilino

acostumbrado a lo absurdo itinerante que lleva consigo lo
encarcelado en nosotros

así subsisten las córneas

con sus dudas envenenadas

alcanzadas por una piromanía cruel

que enturbia las miradas con este mal de ojo

lo oportuno de la disertación

es saberse incapaz de mirar

149

la carne equivocada como las palabras

dejé de notar frío

con una rotunda sorpresa en los labios

convertirlo en un enamoramiento fue extraño una copia de las
bodas de Caná

un desplazamiento de la disculpa

que no termina de caer formidable

los lavados retóricos rumian dóciles sobre taburetes de viento

incómodos como la fuga

distraer el hecho de resignarse

es vagar en un asco de sacrificios humanos

los diálogos baratos y depuestos

son fragmentos del fondo del problema del entierro cromático

que es ver cómo te marchas

llevándote la atmósfera tras de ti

dolor y muerte salpicados en un pañuelo como una jeringuilla atravesándome el brazo

razones formidables

caricias prometidas como póstumas

vejigas interminables

150

los andamios del naufragio están pendientes de un hilo y la carne

equivocada como las palabras

con el razonamiento clavado en la garganta la somnolencia revocada

la luna silbando en la cocina

miro la calle antepuesta

mojándose en nuestra ausencia

mientras se termina el café

podríamos volver a la cama y besarnos llegar tarde a todo

revolver violentamente la delicadeza hacer jirones la ropa

proseguir en vez de eso

en vez de regresar a las sábanas

salir a la calle con los demás caminantes al cementerio en la
acera

las mandíbulas de la calle derogan personas

151

dentro de las lámparas están los murciélagos duermen un
sueño inapreciable cabeza abajo huelen a rebelión encerrada

respiran lento como en un laberinto

son algo terrible esperando

152

una escalera en la cama los ecos de la piel

subiendo y bajando la insularidad

para que deje de ser un momento

la porosidad se entrecruza desnuda

los ajenos prohibidos son nuestros

en un instantáneo deseo

153

el demonio vive por dentro aburrido y desnudo

inventa la paradoja a escondidas

presente como el miedo al silencio

como las noches decrépitas

los trastos convertidos en bálsamo

habitan nuestras mentes perdidas

termina la noche futura

con una copa en la mano

pareciera otro el que vive por ti

cuántas miradas enterradas

sintiendo la ira

respirándonos

154

rabia la humildad en las calles la basura impide ver el arte en
las caras

una esquina puede albergar

una sucursal del infierno

una oficina de reclutas sin alternativa

155

metanoia

ese concreto lugar

donde una esquina es más

que dos opiniones que se cruzan

ahí convergen en esa duda

en ese ángulo que te saca de quicio

156

la ventana que sostiene la calle para que no te caiga encima

es la puerta que conduce

a ese asomo de suicidio

que es estar vivo

mientras la ciudad se derrama sobre ti

157

el orgullo pasado por lo pequeño se encuentra ausente en la
mirada

ante el espejo la máscara

sus errores

cicatrices

arrugas

albergan la alegría de algo que brilla diminuto testigo

de un atisbo decidido del tiempo

158

brebaje abandonado al final de la barra en su vaso quieto

como un hada verde cansada de volar

espera a algún incauto

para poseer su mirada

para enseñarle los rincones ocultos en lo sobrio los colores
plegados tras lo aparente el movimiento contenido

en los objetos ante sus ojos

el calor que desprende su propio cuerpo que fue largo tiempo
ignorado

los paisajes que habitan tras las paredes del local las mujeres
que viven dentro de esos cuerpos que giran y cimbrean

los pasos que se caminan ahí subido

en la banqueta vieja

erguida en una suciedad de colillas y basura en la que se hunde
con su ocupante

allí espera dentro del vaso el hada verde y aburrida quizá se
duerma y no la veas

159

una desgracia impedida sólo porque alzaste la mano hasta dar
la luz

las sombras huyeron a sus antiguos refugios y tú respiras
tranquilo mientras te levantas

fuera está la mañana esperando

te apresuras a continuar

ignoras que esos refugios

se encuentran entre las dobleces de tu alma y salen contigo a la
calle

una maldición hecha trizas por una palabra mal dicha defectos
de forma

un tiempo perdido en un reloj roto

un libro mudo en el estante

el silencio mutilado por el ronquido el abrazo truncado por un
brutal cabezazo la vieja cámara de fotos ciega de polvo una
pelota roja con blancos círculos robada por una malvada vieja
de balcón el sueño desvelado por la hipocresía del soñador
cumplido por la inocencia del soñado el presidio salpicado por
libertades tumorales por brotes de fuga

la recencia de la luz en el hilo de la bombilla el sabor
inapreciable y frustrante

de la última galleta que quedaba

el pensamiento

espejismo de la persona que lo pretende la poesía

frotándose contra el papel para que huela el olor del momento
triste

su humedad marchita y amarga

el hipo de una carcajada mal ejecutada por falta de
experiencia

el humo del cigarro

la niebla que se anticipa como confusión prefabricada la
explicación interminable del necio que jamás bosteza el alarido
del árbol talado

el estúpido desván del que no recuerda el tercer volumen de la
Geografía de Estrabón ningún margen del cuaderno
atravesado es un horror de sumisión la obsesión de quien
pendula de ida y vuelta la constante madre complaciente

una forzosa respuesta imposible de pensar un error fruto del
agobio

161

una sonrisa explosionando sin remedio doliendo la cara a
pesar suyo

de su tristeza o gravedad

la cumbre marchita que es terminar algo 162

tragicomedia areata nos instan a renunciar

entonces todo es falso en la vida

reflejo inevitable de una lucha inconclusa reclamando el único
idioma que no comprendemos llamado sufrimiento

163

una alegría sublime y disgustada

con mucho azúcar

empachada de descanso

confiesa

si caes en la náusea

te topas conmigo

164

tortura es

quedarte quieto en la noche

sin dormir tumbado

quieto

mientras tus oídos pitan

tras siete horas y una alarma

levantarse y salir por la puerta

165

telaraña abundante en los rincones

las visitas no acompañan

a la soledad de esquinas incomparables abandonadas

sin nadie que las doble

166

cometiera asfixia para fingir locura manifestara locura para
poner orden

ponderara orden para fecundar vigilia confundiera a la vigilia
para discernir el hambre anunciara hambre para seducir
ternura suplicara ternura para proponer la desidia navegara
en desidia para fomentar el odio comprendiera el odio para
elegir caricias absorbiera caricias para remendar mentiras
fomentara mentiras para aliviar la asfixia 167

el espacio entre las sábanas custodiado por párpados y manos
juntas sonidos de saliva y aliento

una brisa en el brazo

causada por la cercanía

la oscuridad hendida por la luz de la lámpara las arrugas de la cama bajo nosotros

el peso liviano de la noche

empujándonos hacia el abrazo

168

termina inmóvil sujetando el humo con las manos algún susurro entre los labios asoma nunca se sabe

lo que insinuaba a espaldas de la suerte 169

quizá porque lo tangible es guardado me conformo con lo inconveniente

como un trapo nada limpio

170

el ridículo profundo y duradero de lo excesivo

171

los cataclismos

desolada obscenidad de lo propicio

172

fabricación en jauría de abejas sometidas objetos que renunciaron al futuro

regalando sus voces al perfumista

lo más curioso es ver

cómo se secan las raíces de los gritos a causa del noble engaño

de una monarquía de lenguas

vírgenes en la mímica

las abejas sobreviven en silencio

173

sin importarme la valentía como artefacto hubiera querido salvar la vida de caracoles que cruzan la carretera

con mis manos lanzadas hacia delante como saludos de veloz pánico

174

guardé los siguientes silencios aquellos que había robado solitario

en mis paseos por una ciudad sin luces

las ancianas sombras de edificios

sobre paredes colmadas de carteles viejos variopinta de calles sucias

de trucos de carteristas y estafadores

una colección de seres que no son de las afueras donde los nativos procuran su mortal pervivencia

en la urbe proliferan bazares humanos los ciudadanos juegan a la languidez de una moral promiscua

175

la comedia que habla del asombro imposible reconciliarla con la razón

hermosa y loca a rabiar

persigue hojas en las aceras

mientras luce impresionantes botas de cuero que la convierten
en heroica

como su mirada es turbación

con Ulises releído en el bolso

nadie la ignora como melodía

abre las puertas del revés

sube las escaleras despacio y de espaldas lleva consigo
amuletos

porque la apariencia es normal

los detalles la acompañan

y sólo algunos los ven

bebe absenta y fuma marihuana

se levanta en el cine

toma pastillas

y tiene un contorno suave

recorre las calles buscando rincones amarillos claustros de
seres diferentes

absurda humana sin nostalgia

carne de lo imposible

176

es lo contrario de madame cualquiera llena su mirada con
sentimientos de lucha contra lo indiferente

pisa cada charco

para que nada permanezca quieto

y se envenene

trata de envolver en sábanas las caricias para tenerlas siempre

de guardar los leves mordiscos inmediatamente en sobres sin
remite

de leer las arrugas de la cama deshecha como una mancia que
adivinara el pasado

de tatuar las manchas húmedas aún en el colchón como
cicatrices de guerra

de esculpir las formas de la cópula

una maraña en movimiento

del rito milenario

177

encandilada a cucharadas de ternura la distancia necesaria
para el roce

deambulando las miradas en silencio

buscándose perdiéndose

ambas sonrisas son escenario

de una trama con final constante

ese segundo antes de abalanzarse

dura tanto como los días de soledad

alojados en las retinas

178

el momento gira despacio comprendiendo el aire exótico

junto a la continua espera

deseo de tantas cosas

en el transcurso de las mejillas impermeables obedeciendo a
cada ilusión

la modesta paradoja atenta al espectador se va colocando a sus
espaldas

y lo apuñala con cosquillas de rencor

la magia es como una bofetada

un ejemplo verdadero de ternura

que se deleita satisfecha con la contrariedad

entretanto la complicidad desaparece entre voces inoportunas

que campan a sus anchas de manera grosera flores secas de
impertinencia

nosotros entreabrimos la puerta

para que el hurto se perpetre

dejamos salir lo perdido de antemano y sonreímos al ver su
ausencia

179

arrastran la barbaridad y el mundo polvoriento les sigue

embajadores de la enfermedad

arden en sus bolsillos el miedo y el asombro beben agua
ardiente y comen polillas son recorridos por humores de
asfalto

en cien años acabarán con los árboles con los recuerdos que revolotean

en las cabezas de los viejos

y a pesar de su absurdo son nuestros dueños viviendo en el incesante pavor cerval de que les matemos

miran atrás en cada esquina

se rodean de esbirros

observan con duda cada bocado

cada noche sueñan

que miles les despedazan

180

peceras en las habitaciones colmadas de tormentas en la penumbra

en el interior del vidrio equivocado viven peces agitados por una locura empírica mientras un desconcierto babilónico agita las aguas

los colores se distraen

los corales se marchitan

suceso derramado en la alfombra

fragmentos y playas en el suelo

los liberados suspiran la muerte

retornan anfibios

como nuevos inquilinos del mundo

181

imágenes que corren por la espalda como caimanes en el
desenlace

ningún desliz geométrico

ni aristas que sean arrepentimiento

o renuncia

los vapores indiferentes del olvido

convierten en sospecha el silencio

en burla gentil

que arrastra un incendio sin fuego

las súplicas son recuerdos

aunque se estén escuchando

son alegría estropeada

como beber agua de los charcos

182

un yacimiento en el cielo de gérmenes de lo imperativo

es un cumplimiento ciego y confuso

una esencia del triunfo amenazado

por una evidencia implacable

183

es el momento de escuchar a las criaturas íntimas de lo inmóvil
que se mueven a pedazos

portando promesas

se ocultan en las escamas del alma

se alimentan de lo carnal

se retuercen esperando

la envoltura del abrazo

su combustión lenta es el ansia

su desaparición impone la tristeza

que se desprende en lágrimas

rebrotan en el triunfo

se rebelan a solas

impermeables al pensamiento

habitan el vacío

son animales felices

huyendo de lo oscuro

huyendo de la espera combustible

del aliento

184

la absurda escena sin maravilla

que es el aburrimiento llamado constelaciones

iniciadas por un empujón de ánimo nocturno las historias
surgieron de la nada

se convirtieron en los mitos que nos abocan como corderos

185

ignorándose lenta y necesariamente los árboles presiden un
patio en equilibrio enmedio

nosotros

confundimos los lugares

186

el sentimiento radial y concreto regocijo infinito inminente

en bocas y manos

la noche soñaba disimulando los ruidos tapados por las
persianas de los demás la excitación de la luna en la piel

la mirada buscándose sin ver del todo

una despedida dulce

cuyo sabor dura en los dedos

ahora sólo el eco en la soledad

de un recuerdo de aroma mitológico

187

la felicidad enferma con poco para hacer no podemos parar
desnudos

lo que comenzamos con las armas

188

los llantos decepcionantes como elefantes atados a sillas rotas
nos hurtan el tiempo

189

ocupamos un lugar en esta ceremonia borrosa mientras la
suerte agachada revela nuestras ataduras tapaderas de lienzo
deshilachado

que son mentira

190

hubo discípulos que no entendieron nada un tiempo agregado
a sus dudas

que amigablemente nos acompañan hoy

presenciamos un paisaje desgarrador

crudo como la sangre

el pecho abierto en canal

y una ingrata sensación de inmadurez rostro de la aurora

nos estamos acostumbrando a perder

nos estamos acostumbrando al horror

191

días enteros a buen recaudo bajo un montón de estiércol

estar de una sola manera

como un cisne negro hasta el cuello

otorga la tranquilidad de un impulso marchito como un
suspiro de mil kilómetros

una llama que tizna las ideas cómplices de la balanza un
balanceo desordenado

la pastilla oculta en la miga de pan sin saber siquiera el castigo
que procura tragamos días tumbados

elegimos dormir casi todos

hasta configurar el cementerio

despertaremos con una soga al cuello los pies descalzos

y de mal humor

hambre y ganas de maldecir

con las manos negras como los dientes nacidos de la tierra
porque fuimos enterrados todavía me dejan turno para pensar

cuál elegir

hasta el mes que viene no me dejarán pensar de nuevo volver a
moverme será más importante que comer hoy

comenzamos las amputaciones

primero los gastos luego los miembros la construcción de su
mundo nos llevará siglos no pasa nada por dejar de comer

el hambre no mata si está lejos

192

lo malo es que cuando está cerca ya es demasiado tarde

a eso se le llama miseria

tienes un nudo en el estómago

te están escarbando dentro

eres un vacío

literal ya sin hambre

quieres llenar algo

eso te matará si lo haces

tienes que dejarlo así o tomar dos bocados pero hambre ya no
hay

se fue y se llevó el futuro

y la rabia porque la rabia es hambre en vez de eso aparece un
brillo de lucidez que otros confunden con locura

con buen criterio

pero es lucidez también y da de comer alimenta porque es
futuro

y el futuro te quita el hambre

sin matarte

193

aún así no hay nada más letal que el recuerdo

después del malentendido solar

con las manos pegadas a la cara

con tristeza derramada como cera caliente un poco de nada
para engañarnos

y un lápiz para escribir una nota de despedida o una especie de
carta

repitiendo lo mismo una y otra vez

si tienes cristales en las tripas

es por ser incapaz de amar

no me puedo ni mover

duele tanto que renuncio

es peor digerir que abrirme en canal y sacar el dolor con las manos

alrededor habla lo nocturno

me pitan los oídos

y no sé qué hacer mañana

porque nunca fue un problema

hasta hoy

renuncié a los golpes

y me voy a quedar abandonado como un mueble acogeré al polvo quizá a las polillas comprenderé el aburrimiento de las pelusas recorrerán la ausencia más rápido que yo duele la pena como nunca más tarde

194

un sólo rincón para sonreír

donde la vergüenza es reluciente

y exclama desconcierto

mientras el cuerpo se esclaviza sólo empapándose de clavos

beber enormemente

pensar un insulto demasiado grave

perpetuar normalidad

un diálogo tibio de despedida

con el tiempo negado

195

un poco de luna secará la ropa y no hará falta sacudir los
detalles de la noche

la madrugada espesa

la ciudad y su aire sucio

las hogueras apagadas y frías

junto al remolino de arrugas por las calles

los detalles en las sombras

las formas en fuga

se llevaron la lucidez

como urracas que roban lo que brilla

196

un cielo exagerado dispuesto en preguntas como racimos
tendidos en vano

explotan en nombre de un sueño

acabado sobre piedras furiosas

que nadie mastica

aún podrían dorarse las espigas

sin llegar a ser desperfecto doliente

197

mirando la rotación de los momentos el circo en brazos
trágicos

sorpresas radiales

sustos tornados

balanceándose de manera rigurosa

como los sauces

la espera fulminante

de atreverse a la libertad de las caricias unos pequeños botones

que se deshacen entre los dedos

y dejan ver la piel detrás

mirando atrevida

esperando una trifulca

198

tantas horas diferentes con la I L U S I Ó N a cuestas con la O
B E D I E N C I A arrinconada el M I E D O embalsamado
para después

un vaso de agua y una aspirina sobre la mesa el D E S E N C A
N T O y un periódico viejo

todo eso es una enfermedad

ORTODOXIA

la vitrina del D E S A S T R E

antesala de una gran D E P R E S I Ó N

infecciosa como el O R D E N

como la N O S T A L G I A

hasta la R A B I A está débil

y moribunda

199

te golpearías contra el humo en este mundo tan sucio

de jardines estropeados

edificios sin cabeza

sin ventanas

lápidas

desagües de personas que bajan al

subsuelo

con elegantes andrajos

comenzó el deterioro

fragmentos de las calles

locales dormidos

las aceras se hacen migajas

se borran las líneas

perecen las bombillas

las figuras caminantes

cada vez más livianas flotan sin queja comensales de basura

a las puertas del apocalipsis

200

pereza sin circo en el dormitorio

empecinada perversidad

la ropa por el suelo

aplastada por la sombra

de las cortinas echadas

el exceso arrebatado

ahora fatiga

una conversación aledaña

de aliento compartido

201

bailan las hojas

primavera revuelta

sobre los charcos

202

testigo de la mano diferente de caricias inventadas en giros
sobre la piel

brevemente

el simulacro de incendio

las alarmas

los gritos

llamadas de socorro

203

la mancha en la alfombra y pelusas que corren

cercos y ceniza

olor de cigarro y desencanto

fiesta abandonada

204

huesos bajo la mesa manada de perros hambrientos

orgía de colmillos

artilugios mecánicos desollando las reses posibles ríos de
gusanos

generales brotando de los uniformes

fáciles himnos de silencio

objetos de culto afilados

205

los sobres contaminados en los bolsillos de las chaquetas

repletos de acusación

de maldición

de quienes duermen en la calle

esos sobres contaminan

enferman de piedras y llantos ajenos de suicidios

de caras estampadas contra el suelo

de gritos y golpes

de consignas graves

esas manchas en el pecho

señalan a los injustos

con señales de traición

206

la ciencia de las causas vacías lenguaje de ruleta existencial

apuestas de humo

territorio de lágrimas secas y castillos de naipes

los párpados ya no encierran nada

ni a nadie

ni esperanzas

somos espectadores de la tragedia de la comedia del azar

207

millones de revueltas escondidas guijarros por el suelo

lanzados por los gritos de agobio

la locura es un éxito

cuando aparta los miedos de golpe

el dolor en el espinazo se disuelve

cae a los pies de los confundidos

su jugo llena las alcantarillas

alimentando a las ratas

208

con lazos firmes que trepan las columnas se engullen unas a
otras las casualidades se mueren de envidia por las noches

al descubrirse inútiles y desgraciadas

209

caen los muros

aúllan magníficas las palabras

los márgenes se desbocan

y la euforia se pierde más allá de la cerca resulta curioso mirar
a la gente

seguir sus pasos

los muros dejan de caer

emergen detrás de cada perseguido

210

lento y espeso

el caminar del viento

sobre la hierba

211

las preguntas necesarias quedan abandonadas en la apariencia

son como árboles junto al camino

como perfecta imagen de soledad

se rinden lentamente

agrietadas por la postura

son vida escéptica

recuerdos de lo ausente

tortura y comedia

súplica amarga

estómago costillas y aire

vísceras fundidas por el grito

momentos benditos pero caducos

instantes contra el olvido

son un delicado viaje hacia el orden ceniza en la distancia danzante

que es el tiempo

las preguntas necesarias

212

un dolor de silencio inmediato orden retorcido de pureza mojada que se descompone en olor a pasado

una llave de tristeza equivocada

y un cuidado muerto

todo describe la rendición fabulosa

de la vida ausente

213

simulacros sin máscara momentos robados en la noche

disfraces de molestia confusa

lo prohibido a sus anchas

recuerdos sin nombre

memoria arrugada

barbarie de otra vida

de detalles soñados

214

tableros del juego de la cólera sobornados con veneno y miedo

miseria y pecado

la mitad del viento

ya sería un fracaso sin vicio

la otra sólo esparce las cenizas

del futuro que existe

215

un principio minucioso comienza sirviendo como lacayo

a los amantes decentes

a los nómadas del llanto

termina en un inexplicable suceso

algo cruento

y restriega su euforia

contra la costumbre

216

el abrazo de un futuro arrancado por la calaña de santísimas
almas

nacimientos consumados con intenciones civiles sobre un
crepúsculo de poesía

que aguarda jardines frescos

lugares pasajeros

y bendiciones de ira

217

la rebeldía incurre en falacias el olvido

fecundo

promueve fugas

como lluviosas muestras de júbilo

218

donde espera el abandono sostenido en el aire

se encuentra el tiempo apartado y sus descartes seguir a las hormigas por el suelo

caminar en círculos

respirar con ganas

mirar por la ventana

silbar por la calle

las matemáticas

ordenar los libros

sonreír por nada

la muda de una lombriz tragando tierra para avanzar triunfante

219

surgido en la doblez de la noche tranquila asoma cauto con un sólo ojo

el arrepentimiento

te mira desafiante

para que vayas tras él

no lo atraparás si te mueves

no lo atraparás si lo esperas

220

camino descalzo

entre los cristales de Plaza Maitines un mundo raro

absolutamente inestable

que me sobrevuela como un cuervo

como un espacio de sueño

221

en las aceras del pasado se encuentran las rutas recorridas

son la ausencia camino hacia el llanto si me esperan recorridas

es porque soy alimento de lo sucedido atajo por el callejón que
más miedo da no me equivoco en mi desvío

mis lamentos suenan cada vez más lejanos quedan atrás

junto a la tristeza

222

es minucioso el ritmo mecido por la calma considérate un
gusano triunfal

abriendo el terreno ante él

recuerda al vago encarcelado

en una caja agujereada

recuerda la presencia de la certeza

en la bocanada de humo

el cuello del cisne es delicado

como las ganas de vivir del suicida

que están ocultas bajo los escombros donde habita el accidente

223

en un absurdo de mezcolanza exótica se encuentran lo rastrero
y lo mezquino cohabitando con la magia del círculo que no
para de regresar

el calor que emite su paso continuo

es el fin del invierno provocado

224

leyendo en el espejo distingues los minutos del rostro

paisaje del tiempo perdido

que marca sin tregua su victoria

225

ya no triunfan las palabras rige la biblia descarrilada de la
razón los rumores de tragedia

de locura

226

el armazón perecedero alegría transparente

que se ausenta de los bolsillos

los contratiempos son ovillos gigantes de belleza maligna

imposibles de desenredar

los colores no despiertan

por su ausencia injusta

la caída efímera

se prolonga en posibilidades

que giran como el humo

los pretextos anidan en el estómago

de ellos nacen flores a oscuras

qué vigilan los miedos entrañables

así es como la vigilia

se rompe la garganta en el despertar ocupando todo el
territorio

con su desconcierto

227

la cópula envuelta

pulpa de abrazo volátil

volteando la cama

holgando en miradas

de tiempo eterno

desesperación

de un amor excitado

228

lo repetitivo nos duerme como réplica domadora

nos aturde con franqueza

como animales en un matadero

sombras en fila

polillas sin orientación

frente a una lámpara

la lógica es renunciar

a los troqueles de la vida

a la humanidad del humo

229

cualquiera vibra

en niebla

en algún sentido disfrazado

abundan las irritadas posturas

en infames y saturados

monólogos de gesto

son enfermedades puritanas

la vida a cambio de renuncia

y los bolsillos vacíos

230

un desprecio fatal

por la confianza antipática

inerme sobre una brusca meditación

las flores se ahogan

en sus propios jarrones

un sorbo de ofrecimiento

de agua envenenada

en manos entreabiertas

hace perder la cordura lentamente

con los ojos dados la vuelta

de pavor al futuro

los dientes se derramarán de miedo

caerán por el suelo

así termina el obstinado amanecer

231

la piedra no proclama sentencias los ídolos lagarto

parecen tibios avisos

danzar alrededor es motivo de condena allí saltamos
incrédulos

232

una despedida insinuada sin miedo al tiempo

es cómica la urgencia que se marchita sin que hable la
guadaña

las ventanas cerradas contra el cielo para que no se vea

por dentro se arrastran procesiones

cadáveres de duda

que no desencarnan de uno mismo

como el que las mira

viven

233

un pensamiento agarrado a una tabla sin colchón

en una deriva inmóvil

peligrosa cuanto más inmóvil

perdido de la ternura

clavado como martirio autoinfligido

un faquir con un único consuelo

un error válido para entender el problema fatigado con todas
sus fuerzas

de ahí su buen ánimo

sobre los clavos

la esperanza es algo sin remedio

una parte confusa sin distancia

en el roce furtivo de los costados

vivir en lo cierto

ir dejando atrás el idílico espanto

el sitio exacto en el que el hundimiento convierte el mar en
destino

234

una bocanada perfecta

de grito silenciado

un momento pausado

un alarido en el vacío sin respuesta las manos en la boca no lo
detienen

se desencadena sin molestar

la ira de cada uno

la locura como promesa

235

me nubla el feroz perfume como un lúcido subordinado

un mimo engañado por el pánico

el aire pesado en la habitación

olor de encuentro subterráneo

diálogos sepultados bajo la almohada

enfermos de la caricia inmediata

enjaulados en la misma cama

revolviendo las sábanas al caminar

236

un asomo impropio de ira que se consume dentro de mí

alimentando la paranoia

los asomos me volverán loco

saldré a la calle gritando

pretensión de un contagio general

de lucidez enfadada

237

la vida majestad de invierno dulce

las cruces caen y levantan el ánimo

hasta donde cruzan los niños

que pueden sentir el aire por completo

las dudas se pierden y llegan los pasos es entonces cuando todo comienza

238

la súplica sin retorno un ocaso comprendido

el final de los momentos

el ligero despertar de los cobardes

el tedio de la marcha

la resurrección de los falsos mártires de los borrachos en las aceras

que son monstruos de cartón

las entrañas del aburrimiento

su luz curiosa

los abrazos traidores

la dureza de los bancos de la calle

el frío conquistador del miedo

la muerte lenta y olvidada

en la fría noche interminable

el vaho

la absolución terminal

en mañana de sorpresa

un armisticio posible

una lucidez

el ojo abierto permite la calma

y la libertad se impone

239

la ventana sobre el suelo

mirando al vacío de la calle

bajo los pies

los habitantes del letargo

con el vértigo agarrado

hasta la nuca

bajar la mirada es un gesto heroico

con las piernas trémulas

saltar es igualmente caer

un movimiento perpetuo

orbitar

240

esmeradamente sinuosa una exclamación espesa y profunda

cae en descomposición

bajo el fango de la mentira

y la culpa

un débil gesto alimenta el orden

no volverás atrás

salvo para renegar de la vida

te hundirás lentamente en desdicha

te arrastrarás por un suelo circular desangrándote en ideas

en opiniones vacías

241

insufrible muralla plañidera bloqueando el paso apresurado

de los recuerdos cavilantes

cabalgamos hasta los extremos de un cuerpo ciego cálido
sótano que palidece a oscuras masticamos plata con la
brusquedad

de un amado embaucador

242

sólo hay tres espacios tangibles en el mundo tres lugares donde
ir

lo demás es vacío inerte

andamos sumergidos al unísono

no nos conmovemos en ira

porque somos estatuas de autoconcepto con una vida quieta encerrada

sin paz que nos libere

que nos dé un lugar anexo al desánimo somos presos contra el suelo

en el colapso inevitable

tendremos un segundo de liberación

antes de que se reconstruya el universo acronía

243

perfecta como el tiempo silueta leída con tinta

cartulina recortada

con las uñas derramadas en ansia

no es piel sino confusión

una herida condenada por una imagen

un llanto por venerar a un fantasma

locura empapada en los huesos

el rostro escrito en formas que no suplican que escuchan

que atienden para conversar con su memoria

rapto cometido al espejo

que se quiebra

244

el arco de los días que me llevan al olvido claudicar de los
sueños es tan doloroso como tragarse el Sol

las ideas me rondan como cuervos

las cosas no me salen como ignoro

nunca es siempre cuando miramos atrás

245

t r a n s a t l á n t i c o

surge un extraño cantar que me aborda como animales
burlones

no hay azar en la melodía

ni en la metáfora

sólo un bizarro sentimiento

de impermanencia

todo se distorsiona en un bostezo

en una palabra del revés

soy la habitación cerrada

asediada por ecos que me hablan

trompetas celestiales abren el telón para que lo recorra mi
mirada

y se pierda en un escenario

inversamente quimérico

el aplauso será la desaparición

de lo que he sido

en este último suspiro de tiempo

246

el público se derrumba inexplicable

en un tiempo sin precio

que alcanza con fuerza su cénit

caminando detrás

del que le antecede

así acontece todo

sin fin

sin saber quién va delante

o quién va después

247

precede el recuerdo a la mentira

a lo que no queremos ver en nosotros a lo marchito del pasado

que no está bajo tierra

porque ni siquiera está muerto

tendemos la memoria como un puente

que se derrumba sobre nuestra infancia destruyendo más aún

una imagen nublada por el tiempo

248

Alepo

la tormenta contiene el sentido

la reconciliación mezclada

con el vicio de la memoria

en una trama de causas perdidas

allí entre columnas férreas

se detiene la noche

trae los objetos del juego

la herrumbre de la nada

sustrato del ser hiriente

desmadejado como los dátiles

lejos de la retícula de tierra

la tierra previa

la tierra antes de la tierra

la noche trae sonidos de violencia

lejos del ocaso

calles que son cieno de casas en oriente medio

la vida transcurre en rutinas un poco absurdas y mortales

249

los perfumes de la tribulación son vagabundos como los
arroyos en movimiento

van y vuelven por caminos que fluyen hundidos cantan bajo
tus pies de Occidente

gritan entre las costas pidiendo ayuda

no hay féretros en el silencio

de un ahogamiento inocente

culpables

250

imagino el insomnio agazapado

bailando hastiado de su vigilia

con la humedad aplastada

sobre los ojos abiertos

es una agonía de sombras

en un techo permanente

251

nos asesina la dialéctica melodía tramada en orden condenado

episodio del lenguaje resuelto en miseria donde un lector
confuso nos mira

esperando el fin del espejismo

que nos separa

252

la despedida de los cuerpos recibe la mirada molesta

de un perfume olvidado

una fatiga breve y honda

blanca como el encuentro

de humo y raíz

253

las manos miran de reojo el vago declive vibrante

del roce girando

hasta volverse aroma

resuena flagrante

como el sabor de una piel

254

el locutor demandando locura divertimento disfrazado de
crimen

la maravilla es tropezar frente a la oportunidad

y darse la vuelta con desprecio

sin fortuna no hay miseria

255

mis pasos se toparon con las esquinas más allá de los días

las suelas del deseo se fueron gastando descalzo decidí cambiar
asfalto por hierba me cuesta caminar por la ciudad

aunque me siento libre volviendo a casa atravesando el bosque entre las sombras

256

el orden de los labios se trunca en el desnudo encuentro

cuando se hace tarde el frío les acerca mete uno dentro del otro

así les encontró la salamandra

257

la oscuridad que camina junto a nosotros es la mitad huérfana
que se arrastra a causa de nuestro desprecio

al instinto

258

es lo que crece

lo más duro

un llanto de piedras

de un paisaje agreste

es una pincelada de locura

es la hierba del infortunio

aquella que marchita

el frágil granito

259

9 788409 167333

www.ingramcontent.com/pod-product-compliance
Lightning Source LLC
LaVergne TN
LVHW051549170726
843492LV00006B/2016